PAUL VERLAINE

CORRESPONDANCE ET DOCUMENTS INÉDITS RELATIFS A SON LIVRE „QUINZE JOURS EN HOLLANDE"

AVEC UNE LETTRE

DE

STÉPHANE MALLARMÉ

ET

UN PORTRAIT DE VERLAINE ÉCRIVANT

D'APRÈS LA POINTE-SÈCHE DE

PH. ZILCKEN, SUR UN CROQUIS

DE J. TOOROP.

1897

LA HAYE—PARIS.

MAISON BLOK	FLOURY
PRINSESTRAAT.	BOULEVARD DES CAPUCINES.

Verlaine (Paul), 1844-1896 - Correspondance

Verlaine (Paul), 1844-1896 "quinze jours en
Hollande"

CORRESPONDANCE

J Toorop del.

AVERTISSEMENT.

—

Dans la Revue Blanche du 1er Février 1896 j'ai dit quelques mots à propos de dessins de Verlaine qui se trouvent dans le manuscrit de son livre „Quinze jours en Hollande."

J'ai raconté là, comment, par hasard ce manuscrit devint mien.

Aujourd'hui je crois qu'il n'est pas sans intérêt pour les curieux de littérature, pour les amis et les fidèles de Verlaine, de publier les assez nombreuses lettres qui ont rapport à ce volume et les notes qui se trouvent jetées sur les feuillets du manuscrit.

Ces documents embrassent à peu près dans leur ensemble, par des côtés particuliers, une année de la vie du poëte, (Oct. '92—Oct. '93) et font pénétrer d'une manière très spéciale dans l'intimité de la pensée et de la vie du Pauvre Lélian, si vilement calomnié après sa mort.

Ces lettres et ces notes, très courtes ou plus longues, je les donne ici toutes, pieusement, comme des documents qui montrent un Verlaine intime, peint par lui-même, sans aucune préméditation, et partant, absolument *vrai*. Cependant, au moment de les faire paraître j'eus un scrupule: n'était-il pas *indiscret* de les publier?

Doutant, je demandai avis au haut confrère et ami de Verlaine, Mr. Stéphane Mallarmé, qui m'écrivit ce qui suit:

—

Monsieur Ph. Zilcken

„Hélène-Villa" La Haye

Paris — Février 1897

Monsieur

Vous me faites honneur en prenant
mon avis sur l'opportunité de rendre
publiques des lettres que vous adressa
Verlaine: oui, encore oui, si votre désir,
éditez les toutes, en raison que jamais, je
crois, au grand jamais ne convient d'im-
primer écrit qui n'a visé la presse, or les
feuillets en épreuves ici, par leur ingénuité
échappent à la loi formelle. On y apprendra
comment, pour le héros, que résume, en
soi, maintenant le poëte, un tourment (par
exemple) d'opération chirurgicale, en son
souci, le cède à la plaie de misère; et lui
Verlaine, qui, selon tant de superbe et
par devoir, mit à nu celle-ci devant le
monde, au logis prépare avec minutie
et range, fil à fil, la charpie quotidienne.
Il a jugé que se gagne, à grands soins,
de quoi mourir de faim officiellement:
résultat, pour demeurer littéraire et durer

le temps vrai, obtenu par de l'industrie. Cette vertu reste, entre les authentiques reliques, ainsi que le Vers, digne de la survivance. Bonhomie tragique adorable et telles préoccupations comme une répétée *„y a-t-il des canaux à La Haye?"* à cause d'un livre, retardé, sur la ville — puis, la frontière de Hollande, dans un wagon, franchie par le conférencier, *„en entrant, moi, dans le pays où je devais parler, je me recueillais";* autant de traits tout précieux.

Cela et songer, néanmoins, au Monument et au buste.

STÉPHANE MALLARMÉ.

En Octobre 1892 j'écrivis à Verlaine au nom d'un couple d'amis, le peintre Jan Toorop, et un jeune homme très lettré, Mr. G. J. Staal, actuellement employé aux Indes Neêrlandaises, pour inviter le poète à venir faire une conférence à La Haye.

Il me répondit:

Paris, le 25 8bre '92.

Monsieur,

Je serai en effet heureux de donner en Hollande quelques conférences sur la Poésie française en ce moment, conférences que je voudrais composées, précisément, d'une causerie relative aux écrivains en vers, mes contemporains et compatriotes, suivie de lecture à l'appui.

Parallèlement aux Parnassiens, mes vieux amis et camarades de lettres, je parlerai des „modernes,'' Décadents, Symbolistes et Romans, nos successeurs non moins amis.

Tel est mon plan, bien simple.

J'accepte avec gratitude l'hospitalité que vous m'offrez de si aimable façon. Quant au jour où je partirai, il sera, naturellement, le plus prochain possible dans le délai fixé, du 1 au 10 9bre.

Un mot échangé entre nous déterminera la date exacte de mon voyage.

Agréez, Monsieur, l'assurance de mes meilleures sympathies.

P. VERLAINE.

9 Rue des fossés St. Jacques.

Cette lettre parvenue à son adresse, les conférences furent organisées, et le jour fixé pour l'arrivée de Verlaine lui fut communiqué :

Paris, le 29 8bre '92.

Monsieur,

J'ai reçu votre lettre et je partirai par le train que vous m'indiquez, mercredi.

Veuiller me faire parvenir les fonds des frais de voyage et je suis tout à votre disposition.

A mercredi soir, donc, et veuillez croire à toute ma sympathie.

PAUL VERLAINE.

9 Rue des fossés St. Jacques, mais envoyez plutôt chez Monsieur Chacornac, quai St. Michel 11.

Ce mercredi soir vers 6 heures, l'expres de Paris amenait Verlaine en gare de La Haye, où quelques amis, artistes et écrivains, l'attendaient et bientôt l'emmenaient diner, après quoi il venait chez moi et nous restions causer encore durant de longues heures dans un coin intime de l'atelier.

Puis vinrent les conférences, à La Haye, Leyde et Amsterdam, et, au bout d'une dixaine de jours, le départ pour Paris.

Le succès de ces conférences avait été relativement beau, à tous les points de vue.

Financièrement elles avaient rapporté quelque chose comme neuf cent francs net au poète, et, en plus, la commande d'un volume sur son voyage, pour la somme de mille francs, par M. Blok, libraire à la Haye.

Au départ de Verlaine une somme ronde lui avait été remise, et j'avais été chargé de lui faire parvenir le restant, lorsque tout aurait été réglé, ce qui demandait quelque temps.

Quelques jours plus tard je lui avais envoyé un à compte après quoi il m'écrivait :

Paris, 15 9bre

Cher Monsieur,

Je vous accuse réception du mandat en à compte de la recette de La Haye.

Et, en attendant le complément de la somme de „la Haye" et de „Leyde" je vous salue tous en toute cordialité.

P. V.

P. S. à demain, autre lettre.

Celle-ci,

Cher Monsieur,

Veuillez m'envoyer le solde promis, Besoin, — allez!

Avec tous respects à Madame, votre

P. V.

Paris le 16, 7^{en} '92

Une grande partie de l'argent qu'il avait rapporté et ensuite reçu à Paris avait disparu mystérieusement, les journaux avaient parlé de cela et je lui avais écrit afin d'avoir quelques détails, mais je ne sus jamais ce qui s'était passé.

Le 11 Décembre Verlaine écrivait:

Paris, le 10 X^{bre} '92.

Cher Monsieur,

Ai-je répondu à votre dernière lettre? Car je perds un peu la carte

„Dans ces évènements où notre cœur se joue"

En tous cas, voici.... une enquête soigneuse m'a démontré qu'il y avait erreur sur la personne et je réhabite rue des fossés St. Jacques.

Envoyez pourtant chez Vanier mon dépositaire naturel, les soldes par lettre chargée surtout.

Mes respects à Madame Zilcken et à madame votre belle-mère.

Amitiés à ces messieurs.

Bien à vous cordialement.

P. V.

La recette des conférences rentrait lentement, de sorte que j'envoyais les dernières petites sommes par mandats, de temps à autre :

Paris le 14bre '92.

Cher Monsieur,

Je reçois à l'instant votre lettre et les cent francs inclus dont merci. Quant au mandat envoyez toujours chez Vanier.

Vous aurez certainement reçu ce matin la lettre au sonnet.

Je suis extrêmenent pressé.

Excusez-moi d'être si bref. Dans très peu de jours je vous écrirai

touchant toutes péripéties me con-
cernant pendant et depuis mon voyage
en Hollande, tristes et amusantes.

A vous de cœur. Mes meilleurs
respects chez vous.

P. V.

Pour toutes autres choses que pour
mandat, écrivez-moi quand vous
voudrez bien me faire ce plaisir,
9 rue des fossés St. Jacques.

Si possible d'avoir des portraits,
veuillez m'en envoyer. Très demandés.
Et les photographies? L'adresse
d'Isaac Israëls s'il vous plait? Amitiés
à tous là bas."

La lettre au sonnet, je l'avais reçue en
effet. Ma chère femme avait demandé à
Verlaine quelque lignes pour commencer
un album destiné à notre petite Renée,
âgée d'un ans et huit mois, envers laquelle
Verlaine avait été on ne peut plus char-
mant, et il avait promis d'envoyer un
sonnet de Paris, ce qu'il fit d'une façon
toute gracieuse.

La voici, cette lettre : (le sonnet a paru dans La Plume et dans Quinze jours en Hollande.)

Paris le 13 X^{bre} 1892.

Cher Monsieur et chère Madame,

Voici le sonnet tant promis et tant différé sur votre charmante petite fille. Il ne tardera pas à paraître quelque part en attendant qu'il soit inséré en un de mes volumes sous presse, *Dédicaces;* Soyez lui indulgent, et veuille la gentille dédicataire agréer de bonne grâce le gros baiser du „Monsieur."

Et agréez, avec mes meilleurs respects à Madame votre mère mes meilleures amitiés.

P. VERLAINE.

Compliments à ces Messieurs et Dames des trois villes.

Paris, Hôpital Broussais, 30 Salle Lasègue, 96 rue Didot.

Le 23 X^{bre} '92.

Voici, cher Monsieur, ma nouvelle adresse, pas pour longtemps, j'espère.

Je soigne surtout une faiblesse générale et la suite de mon diabète. Je travaille beaucoup en vue de réparer ma perte et j'espère l'avoir tôt fait. On est un homme, nom d'un chien !

En vue de mon travail sur la Hollande, veuillez m'envoyer la traduction des vers de Mr. Verwey sur moi et quelques fragments d'articles çà et là. Est-ce Kloos ou Claus qu'il faut écrire ? Enfin le nom du journaliste de Leyde.

Envoyez *tout* ici. C'est plus sûr qu'ailleurs. D'ailleurs une contrenquête dément l'enquête, et je sais presque d'où le coup part. *Sive* de

la r. des fossés. Y avez-vous envoyé
quelque chose?

J'espère sous peu vous écrire d'ailleurs que d'ici.

Mille choses chez vous et à vous.

P. V.

le 28 X^{bre} soir.

J'ai reçu par Vanier le mandat de
6 francs et ce matin, votre bonne
lettre. Envoyez à l'hôpital les 5 francs;
c'est le plus court et le plus direct.
Veuillez toutefois recommander la
lettre.

Je suis en effet très bien ici où je
connais tout le monde, et où on me
gâte, littéralement. Aussi travaillé-je
„moult" pour parler comme le bon
Moréas et je n'aurai pas tardé à réçupérer mes pertes.

Pourrez-vous, dans une prochaine
lettre, m'envoyer, pour le concierge

d'ici, les 3 types de carte-postale,
pour l'intérieur de la Hollande?

Les „*Chansons pour elle*" datent
de 2 ans. C'est un pêché de vieillesse.
La personne visée sort d'ici, où elle
vient tous les jours. Rien de la rue
des F. S. J. — A la même s'adresse,
les „*Odes en son Honneur*" et les
„*Elégies*" qui vont paraître très bientôt, toutes pièces datant de environ
1887 à aujourd'hui. La rue des F. S. J.
fait un intermède tragicomique, mais
tout est rentré dans l'ordre.

L'adresse de Mr. Maus (Octave?)
Bruxelles r. du Berger no. ?

Mes meilleurs voeux du jour de
l'an à vous et chez vous.

A bientôt une lettre j'espère détaillée, *15 Jours en Hollande* est
presque fini et paraîtra sous peu.

Le texte auquel la dernière phrase à rapport se trouve à la fin de cette plaquette

et consiste en une douzaine de pages
qui forment une variante du texte publié.

Paris H^l Broussais, 30 Salle Lasègue
'96 r. Didot.

31 X^{bre} '92

Cher Monsieur, merci de votre
lettre et de vos bons renseignements.
J'espère ne pas tarder à sortir d'ici
plus fortuné que je n'y suis entré
et que je suis aujourd'hui. *C'est
même une assurance.*

Je vous serais obligé, vu une petite
dette pressée, de m'envoyer ce mandat de 5 francs.

J'ai écrit à Blok relativement
à la possibilité de publier en Hollande
le petit bonquin dont le titre sera:
15 Jours en Hollande, qui marche à
pas de géant. Quant aux autres com-
binaisons j'y pense aussi. — N'est-ce

pas? Ce petit mandat recommandé, s. v. p.? A très bientôt lettre détaillée. Tout à vous et chez vous et la bonne année!

P. VERLAINE.

Paris le 5 Janvier 1893.

Cher Monsieur,

Je reçois à l'instant le mandat de 5 francs dont merci. Reçu aussi, hier les 3 photographies dont l'une orne déjà la boutique à Vanier. [1]) Merci également. Reçu encore une lettre de M. Maus. Ça à l'air de prendre une tournure sérieuse

---

[1]) Cette photographie, faite par moi pendant le séjour de Verlaine à la Haye, à été reproduite par Mr. V. Fica en son article sur Verlaine dans un journal de Naples, ainsi que dans la Revue Encyclopédique.

pour Février. J'ai écrit ce matin à M. Picard. Pourriez-vous me donner l'adresse de M. Israëls — je crois que c'est Parkstraat mais j'ignore le n°. Aussi celle de M. Tak et celle du monsieur et de la dame chez qui nous avons été en soirée. Enfin celles des membres des différents comités qui m'ont patronné si gentiment. Quelques explications sur les moulins à vent hollandais et leur fonctionnement hydraulique, sur les amours de Voltaire dans le bois (son nom?) en face de chez vous, sur quelques tableaux d'Amsterdam, les gens en bleu en face du Rembrandt (corporation des drapiers, etc.) Enfin si pouviez m'envoyer un bouquin récent et pas cher sur la Hollande en général......

Voilà bien de l'indiscrétion, et m'excuserez-vous? Je travaille à mort. J'ai écrit à Blok relativement aux

„15 Jours en Hollande'' (le sonnet
à votre mignonne y sera.) Je crois
que décidément je lui donnerai le
manuscrit et je ne crois pas que
Vanier s'oppose. Sous peu vont
paraître, *Liturgies, Odes* et *Elégies*.

L'adresse aussi du petit peintre
qui demeure sur votre chemin.

Mille amitiés à vous et chez vous.

P. VERLAINE.

H¹ Broussais '96 r. Didot. S. Lasègue 22 (j'ai changé).

Paris, le 15 Janvier '93.

Cher Monsieur,

Je compte quitter d'ici très pro-
chainement. Quelque argent sérieux
vient de m'échoir, et sortant juste
de composer une plaquette de vers,
je puis, je suis sûr de compter sur

une somme suffisante par mois pour deux — et, en ménage, un homme dépense moins que tout seul.

Je table en outre sur mes conférences belges et ma brochure hollandaise de sorte que me voici débarrassé de mes embarras, rentré *au bercail* et peut être tout près d'être heureux si je m'impose de ne plus trop „vagabonder."

Merci de vos bons renseignements. Comment est-ce écrit à la gare, *Den* où *Des* Haag? Qu' est-ce que le Goliath et le David, ces „mannequins" gigantesques à la porte du Musée d'Amsterdam. Des mannequins promenés dans des fêtes, ou quoi? Quelques noms et quelques œuvres un peu appréciées du musée d'Amsterdam, voulez-vous ?

D'ailleurs, au fur et à mesure des besoins je vous écrirai pour les renseignements.

Encore: l'étudiant roux „un peu"
gris d'Amsterdam, celui imberbe,
grand, d'idem, leurs noms? (je ne
sais encore où paraîtra *15 jours en H.*
qui avance.)

Le sonnet à votre petite Renée
va paraître dans *la Plume*, de cette
15ne de Janvier. Enverrai plusieurs
exemplaires.

Et je vous serre bien la main.
Mes meilleurs compliments à vos
dames, ainsi qu'à vos parents n'est-ce
pas. Ecrivez-moi désormais chez
Léon Vanier, 19 Quai St. Michel.

Votre

P. VERLAINE.

Je griffonne parfois des bons
hommes à la marge de mes brouil-
lons de vers. Voici un specimen de
mon beau talent, ci-joint!!

Ces croquis représentent:

1. Une visiteuse de Broussais.

2. Le Sâr Péladan au bord de la mer.

3. Le Sâr dans la cathèdre.

Mardi 31 Janvier.

Cher Monsieur,

C'est acquis. Blok est prévenu par Chacornac et prévenez-le quand le verrez qu'il recevra bientôt les 50 premières pages.

Reçu toutes notes dont mille mercis. Les utiliserai.

Pas pu vous écrire ces temps-ci: „pommade,” „purée." Quelles!— Mais, ça va mieux et surtout „ça ira" mieux. A bientôt la Belgique, milieu ou fin de Février sans doute. D'ailleurs d'ici là recevrez maintes missives.

Mes meilleurs souvenirs chez vous et une bien cordiale poignée de mains.

P. VERLAINE.

Bruxelles 28 février '93.

Cher Monsieur,

Me voici en Belgique en train de conférences. Une déjà à Charleroi, au théâtre! avec 1500 auditeurs, une (sur trois) ici. Quelque succès dans les 2 cas. Il m'en reste encore à faire à Anvers, Liège, Gand et Verviers.

Et Groningue? Croyez-vous que pendant que je voyage, ça vaille la peine d'y aller?

Je vous quitte, très pressé: l'heure de la conférence!!

Ecrivez Poste restante bureau central. Bruxelles à votre

P. VERLAINE.

Mille choses chez vous.

Paris, Mardi matin.

Cher Monsieur,

Voulez-vous bien m'envoyer, avec la petite brosse, le spiritueux [1] promis, à l'adresse — hélas! ou plutôt pas hélas! et définitivement honnête, 9, rue des fossés St. Jacques?

Demain ou après, recevrez lettre immense où toutes les péripéties (charmantes) de ma „tournée" en Belgique vous seront narrées par le détail. En attendant, quel beau petit Amsterdam catholique que ce Bruges.

Mes affectueux respects à Madame Zilcken et mon meilleur *bécot* à mademoiselle Renée.

Votre

P. VERLAINE.

— Et mes respectueux souvenirs à vos parents.

---

[1] Elixir amer de Hollande.

Samedi, 22 Avril.

Mon cher ami,

Excusez mon retard. J'ai fait un court voyage au retour duquel je trouve carte, lettre, et petite caisse dont grand merci.

N'ai pu encore aller au Champ de Mars, mais l'on m'a dit le plus grand bien du portrait de Toorop gravé par vous. J'irai le voir incessamment. [1]

Mes respects affectueux chez vous et tout à vous.

P. VERLAINE.

9 r. des fossés St. Jacques.

---

[1] Cette pointe-sèche est reproduite en tête de cette plaquette.

1 Juillet '92.

Cher Monsieur,

Je ne comprends rien à cette *fin des Quinze jours en Hollande*. Qu'est-ce que ça? Jamais le petit travail n'a été plus en entrain. Je vous l'envoie et vous verrez si c'est bien ou mal. La question me semble des 50 pages à fournir pour espérer un peu d'argent, et il me semble pas juste de travailler sans salaire, d'autant plus que mes pages sont très serrées..... Veuillez penser à ça. — Alors m'adresserai-je à Amsterdam; le libraire en A et A, dont je vous serai en ce cas reconnaissant pour l'adresse. Excusez mon écriture. Je suis très malade.

Hop. Broussais, me Didot '96
A vous,

P. V.

Il y a une page blanche sur Rotterdam, 30 vers qu'aurez très bientôt. Hop. Broussais.

à vous

P. V.

Le 4 Juillet '92.

Cher Monsieur,

Voici encore deux pages qui vous prouvent que je n'abandonne pas ces 15 jours en Hollande, mais je les veux coquets et bien faits. D'autre part ce me semble déjà un peu payable. Quant à être fini ce le sera, mais ce ne sera pas si long que 100 pages, du moins je ne le crois pas. Réponse s. v. p. Mille choses chez vous.

P. V.

Cher Monsieur,

Je continuerai à vous envoyer la suite et la fin du voyage en Hollande.

Parlez en à B. puis à V. pour les gens en a. a.

Rectifiez toutes les fois qu'il y aura lieu. C'est détestablement écrit mais l'écriture d'un grand malade car je ne suis pas encore sauvé.

Je vous recommande mon manuscript dont le double a été déchiré par de petites mains bien bêtes.

Votre

P. V.

Hl Broussais, 24 Salle Lasègue.

Le 10 Juillet.

Cher Monsieur,

Envoyez-moi donc les renseignements sur Amsterdam et même Leyde. Ça doit finir tout de même par

nombrer les pages. Et je n' . . . .
(illisible) . . . la plume.

A vous et chez vous.

P. V.

Hl. Broussais, '96 r. Didot.

12 Juillet '93.

Cher Monsieur,

Pour les renseignements sur vous
j'ai usé de ma mémoire, ne voyant
rien venir.

Il serait toujours facile lors de la
correction des épreuves de remédier
aux lacunes. A demain la suite.

Voici B. m'a promis 200 fr. dès
que 50 pages finies, et 1000 francs
par édition.

Sur la Haye il serait honteux de
ne pas parler du Musée. Menuisez

m'en une *visite* que je mettrai à ma sauce. Dans quel local Péladan a-t-il parlé?

Et vous m'enverrez des détails sur Leyde dont je ne connais que le divin, par exemple, carillon. Presque aussi bien que Bruges. On m'a déchiré presque tous les détails sur Amsterdam. J'ai néanmoins Cloos, Verwey, Israëls.

A vous et chez vous.

P. V.

Je vais un peu mieux mais impossible de faire un pas hors du lit. C'est très sérieux.

Cher Monsieur Zilcken.

N'importe, lors de la correction des épreuves, si vous trouvez qu'il manque des traits à quelque physionomie, envoyez-moi les notes dont me parlait votre lettre du 13 qui m'est arrivée le 15, matin, sautant la belle fête, *argent et noir*, du 14 Juillet 1893 surtout au quartier latin où les étudiants ont vraiment été très bien, interdisant tout bal et tout lampion.

Je pense que nous avons dépassé 50 pages. C'est le moment pour B. de donner 50 fr. (sic) S'il se refuse à ça, j'aurai dès ce soir l'adresse des gens en AA et vous l'enverrai *illico.*

Enfin faites pour le mieux et mille pardons de tant de commissions embêtantes. — J'ai parlé où ça, à Leyde? Et à Amsterdam? Un peu plus tard vous m'enverrez des renseignements sur Amsterdam. (C'est là que je crains que la copie n'afflue pas assez.) Comment s'appelle votre grand clas- sique dont Verwey corrigeait des épreuves ? ô ignorance française ! *Sancta simplicitas !* A vous et chez vous

P. VERLAINE.

Est-ce que B. Consent aux 200 francs contre les 50 pages ? Je le souhaite ardemment ayant des charges.

O des renseignements un peu sur Leyde et la campagne entre La Haye et cette ville ?

Ça presse.

Mille amitiés

P. V.

14 Juillet '93.

Voici enfin le Rotterdam promis. Copiez-le et renvoyez le moi quand vous pourrez.

Les libraires d'Amsterdam m'ont eux-mêmes proposé la chose par écrit. Perdu leur adresse ; leurs noms finissent en a, comme qui dirait

Sadowa et Redowa. [1]) Block m'a promis 1000 francs par édition et 200 fr. sur 50 pages.

Il me semble que nous y marchons, surtout avec une typographie de luxe qui aura des marges dévorantes, etc.

Parlez un peu dans ce sens à ce Mécène.

N'est ce pas, quelques renseignements sur le Musée de la Haye, bâtiment, disposition intérieure et tout.

Mille amitiés et mille respects affectueux à vos dames. Un bon baiser à Renée. Bien des bons souvenirs à vos parents et la main bien cordialement.

Je suis un répertoire de petits machins un peu infectieux dont le bistouri me venge à sa manière. *Qui bene amat*, etc.

14 Juillet Hl. Broussais Salle Lasègue 24.

---

[1]) SCHELTEMA & HOLKEMA.

16 Juillet.

Cher Monsieur Zilcken,

Voilà un gros „numéro", comme on dit dans les concerts. Je l'écris comme j'ai écrit les 2 derniers, à travers le fer, le froid du bistouri.

Ma satanée jambe gauche est un répertoire d'immondices (vieux ferments! Sans doute London, peut-être Paris!) qu'il faut sabrer et qu'on sabre, saperlipopette! vigoureusement.

Pensez que j'ai failli mourir il y a quinze jours d'un *erysipèle infectieux* à cette jambe de malheur.

— Je suis parait-il sauvé, mais comme je me passerais bien de ces caresses d'acier.

Parlâtes-vous à B.? Et à Verwey pour les libraires à la désinence en A, A?

Combien avons-nous de pages en

nous reportant à la typographie qu'on emploiera, et quelque argent luit-il à l'horizon?

A vous et chez vous

P. VERLAINE.

Pour tranquilliser Verlaine je lui avait proposé de faire un contrat en règle avec Mr. B., son éditeur de La Haye, à quoi il m'écrivait:

„Oui, un contrat, certainement oui!"

ce qui plaisait également à Mr. Blok qui n'attendait que les 50 pages fixées pour envoyer l'argent dû.

Voir à l'appendice.

Pressé, Soyez dur avec Blok; il me doit d'après sa parole 200 fr. pour 50 p. et mille fr. à la remise du manuscript. Recevrez lettre; je vais me reposer un jour. Suis si faible depuis ces pertes de sang! Doit-on dire parc

ou bois? Avez-vous lu mon article
11 jours en Belgique dans le Figaro?
il pourrait, croyez-vous, fermer le livre;
ça ferait encore de la copie.

J'ai écrit à un ami bibliothécaire
à Ste geneviève de vouloir bien si
possible me faire prêter un Edmondo
de Amicis.

A vous, chez vous. Pressé.

Excusez. Pansement presqu'aussi
dur qu'une incision et encore n'y
en aura-t-il pas?

Bonjour
Pressé. Poste.

P. V.

Si le crayon vous ennuie, dites.
Mes affranchissements sont-ils suffi-
sants?

Le 26 Juillet 1892.

Aurez après demain traité avec observations je crois non terribles.

Essaierai de vous faire 4 pages mais suis si faible!

Et tout à vous

P. VERLAINE.

Paris, le 4 7ᵇʳᵉ 1893.

Cher Monsieur Zilcken,

A quand ces épreuves. J'espère bientôt recevoir tout le *blok* (excusez le calembourg.)

Y a-t-il des canaux à La Haye?

Amitiés à vous et chez vous

P. VERLAINE.

De mieux en mieux, mais toujours alité sans jamais quitter le lit. Et de l'acier pour changer.

le 18 7bre '92.

Cher Monsieur Zilcken,

Je fais mettre à la poste en même temps que ceci les épreuves. Est-il, croyez vous, nécessaire de m'en envoyer de nouvelles ?

Pourriez-vous, ce serait logique, demander pour moi à Blok, contre ces 64 pages *corrigées* par moi, 200 francs. Je suis dans une *purée* noire avec des créanciers embêtants. Insistez donc, voulez-vous ?

A quand le complément des épreuves ?

Tout à vous et chez vous

P. VERLAINE.

20 7bre '93.

Cher Monsieur,

J'ai reçu et vous renvoie *corrigées* les dernières épreuves. Je ne puis que confirmer, *avec augmentation naturellement* ma lettre d'avant hier.

(Vous avez bien reçu les 1res) C'est à dire que les 800 francs *dus* seraient *bienvenus* le plus tôt possible.

Arrangez ça pour le mieux, si possible, et veuillez me répondre...

A vous et chez vous

P. VERLAINE.

27 7bre '93.

Cher Monsieur Zilcken,

Vous recevrez sans doute en même temps que ceci les épreuves corrigées qu'on mettra à la poste en même temps que ceci.

Et l'ouvrage?

Dites à Blok d'être *ponctuel.*

J'ai vraiment besoin d'argent.

Beaucoup mieux. On me promet ma sortie dans 6 semaines. .

En attendant, le lit strict et voir ci-contre.

A vous et chez vous

P. VERLAINE.

Je travaille à des dédicaces que vous enverrai. Vous enverrai aussi le service de presse parisienne.

„Ci-contre" était un dessin, encore symbolique, représentant Verlaine dans son lit, avec un immense bonnet de nuit, criant: „M....! C'est la 22ᵉ!", entouré du „Reportage," du „Bistouri" et du „Lavage souscutané."

Le 3, 8bre '93.

Cher Monsieur Zilcken,

J'ecris par ce courrier à Mr. Blok pour le prier de songer à l'expédition *immédiate* de l'argent,

Je vais beaucoup mieux et compte sortir au plus tôt. Je vais me lever, j'espère, et vive la joie!

Vous enverrai service de presse et dédicaces, dès qu'il y aura des livres sur l'horizon.

Veuillez m'envoyer liste des personnes de là-bas. Autant que possible, je pense qu'il serait préférable de laisser acheter quitte à mettre dédicaces après coup.

A vous et chez vous

P. VERLAINE.

Le 13 Octobre '93.

Cher Monsieur,

Reçu les 200 francs. Merci bien.

J'avais en effet demandé à M. Blok deux cents francs s'il ne pouvait envoyez le tout tout de suite, mais j'ajoutais que je serais heureux d'avoir le reste dont je vais avoir besoin et que je *placerai* à la caisse d'épargne.

Je compte partir dès que pourrai marcher raisonnablement.

Je logerai dans le rue d'Ulm, du moins je crois: rue paisible, savante, des omnibus à ma porte. Sur mes économies j'ai dejà acheté des meubles et en attendant mes conférences en Belgique, et en Suisse et en Angleterre (La Hollande, malgré tout mon plaisir, je le crains, ne présenterait guère de chances à moins opportunités qui me combleraient d'aise) je vivrai comme *un sage.*

Donc préparez Blok à bientôt
m'envoyer le *reste* qui sera l'argent
de la délivrance.

Et à quand le livre et les livres?
Avez du recevoir hier les fragments
corrigés.

A vous et chez vous

votre

P. VERLAINE.

Jusqu'à nouvel ordre toujours
Hl Broussais.

Octobre '93.

Oui, cher Monsieur Zilcken, guéri!
„Encore un peu de temps," 8, 10 jours,
et je pars enfin. Je ne marche pas
encore, mais ça va venir et dès que
ça commence ça marche à pas de
géant.

J'attend les 200 et compte sur le reste *très bientôt*, 8 jours si possible.

A quand le livre? 25 pour moi. Service de presse:

F. Magnard
Périvier   } Figaro.
Philippe Gilles.

Aurélien Scholl, 43 rue de Clichy.

Auguste Vacquerie.

Judith Gautier.

Lepelletier, etc., environ une 20e.

Les libraires: Vanier demande 20 exemplaires.

Au surplus nous avons le temps.

A vous et chez vous

A côté de cette lettre un dessin où Verlaine s'est dessiné debout, en chemise et en bonnet de nuit, une jambe encore bandée, criant: „à la porte!" aux „Reporter", „Bistouri" et „Lavages sous-cutanés." Au bas, en grande lettres, „VICTOIRE!"

Paris, le 23 8bre 1893.

Cher Monsieur Zilcken,

Voici la correction demandée avec, au dos, une autre.

Je marche encore bien mal, mais j'espère que ça se sera fort amélioré fin courant: encore 8 jours, et ce sera vers le 1 ou 2 Novembre que je quitterai enfin „ces lieux" 13 Juin 2,9bre!

Et je vous souhaite mille bonnes chances en attendant peut-être en effet le plaisir d'aller vous serrer la main si je vais à Bruxelles. C'est presque à deux pas et je serai si heureux de vous revoir. Au moins, cette fois, ne ratons pas le Musée de la Haye qu'il faut pourtant voir, malgré ma description si évidemment *de visu!*

A vous et chez vous .

P. VERLAINE.

Hop! Broussais, '96 rue Didot jusqu'à nouvel ordre.

28 '8bre '93.

Cher Monsieur Zilcken,

J'ai écrit à Blok pour le prier de m'envoyez les 600 francs, n'ayant pas vu son associé. Si vous le voyez, insistez, je vous prie. Je compte partir pour Nancy vers le 3 9bre et voudrais avoir mes *600 francs* vers le 1 au plus tard. Soyez assez bon pour le presser et comptez sur une lettre de moi qui j'espère vous donnera une adresse „en ville."

Tout à vous et chez vous

P. VERLAINE.

En attendant, Hop¹. Broussais.

Nancy, 7 9ᵇʳᵉ '93.

Cher Monsieur Zilcken,

Décidement qu'est-ce que fait Blok de ne me pas envoyez les 600 francs qu'il me doit? J'ai dû faire pour venir à Nancy des démarches très ennuyeuses et je me vois à me demander si je vais pouvair aller à Londres, le 14 de ce mois, où je suis annoncé ce jour-là!

Veuillez donc insister pour l'envoi immédiat de la somme et des exemplaires-japon tout de suite, rue

Broca, 5, Paris, où je serai rentré
le 10, et que M. Blok adresse le tout
à Mr. ou Mme Verlaine.

Pardon de ce dernier et urgent
service et merci.

A vous et chez vous

P. VERLAINE.

Demain on après, lettre sur mes
Conférences ici et à Lunéville, —
Conférences flatteuses mais incapables
de me rendre possible le voyage en
Angleterre.

Au reçu de cette lettre la somme était
dejà à Paris et le livre publié.

NOTES AU DOS ET EN MARGE DES FEUILLES DU MANUSCRIPT.

—

Page 24.

citadinum.

en marge: (si citadinum n'est pas bon, supprimez, s'cron gnieu gnieu! n'ai pas là de D^re latin. — ceci hors texte!!)

p. 42

en marge: n'y-a-t-il pas ici une répétition d'hier? D'ailleurs les corrections sur les épreuves répareront sont

ça, avec les répétitions de locutions
adverbiales, *d'ailleurs, aussi bien*, etc.

p. 45   d'être très *calé.*

en marge: c'est un mot très employé ici dans le sens de savant.

p. 51.

Un croquis: „vos transactions avec
ce cher B."
Verlaine: „le dernier mot du patron."
Le cher B. „veut dongues me mèdre
sur la baille!"
Comme moi il y a quelque temps
avec Vanier:
Verlaine: „Si vous voulez nous
irons en face!"
Vanier: „mais, malheureux, je suis
père de famille. Vous et Moréas vous
êtes *des hommes d'argent!"* (sic.)
Audessous de ce dessin: „J'arbore

quelquefois cette tenue 1830 —
heureux quand je ne mets pas mon
béret! J'ai une canne comme ça
maintenant."

Sur cette même page Verlaine alité,
en bonnet de nuit, fumant sa pipe:
„Moi actuel, raconterai dans tel
journal la crise par où j'ai passé.
Crise mortelle. J'ai failli mourir sans
m'en douter. Que notre Seigneur
m'en préserve car je reste chrétien
malgré tout et j'allais faire venir un
prêtre."

Dans la fumée de sa pipe:

Quel ennui, quel souci
D'entendre toute la nuit
Les heures, les heures, les heures.
(Vieille chanson françoise.)

C'est vrai je n'ai plus de sommeil
après avoir trop dormi *comateusement.*

Et plus haut un croquis intitulé:

„Tribunal de commerce." „Préfecture de police," avec les lignes:

„Que c'est beau les „palais" parisiens quand on sort d'Amsterdam et de Bruges!"

Page suivante:

„Je me sers du crayon plus commode quand on écrit au lit. Ça vous est égal?"

La visite au Musée et La Haye, (page 51) n'eut pas lieu! moi mais le poête tint, de les renseignements.

En regard de cette page Verlaine a dessiné un „Gardien de Musée," tenant en main les clefs, et disant: „On pherme!" à côté de celui ci: „Heureux *Deus ex machina!*

Création de moi, il n'y a pas à dire et que je revendique. Est-ce assez du théatre.... classique!"

Sur la page suivante, un dessin très

délicat qui le représente affaissé dans son lit: „moi il y a un mois."

Autour de lui: „1. Le Chef", une tête de van Dijck. Vous vous rappelez au Louvre ce roi Philippe?? d'Espagne en feutre avec des chiens? — : „je le crois foutu."

2. „l'Interne," bon garçon, mais a le bistouri mal carresseur. Le monstre m'a-t-il fait crier! — : „ça y est, chef!"

3. „Le Stagiaire": „chouette d'opération!"

Puis il se représente en conférencier, assis derrière une table où un flacon à coté duquel est écrit: „Ce n'est pas du Rhum St. Jacques," et audessus de lui-même: „flatté et horriblement dessiné! Pas drôle. J'ai dû creuser la table pour y tenir! Excusez." Il dit: „Qu'en dis-tu, voyageur, des pays et des gares?"

Page suivante, un portrait du roi Louis

assis à une table, très boiteuse: „Encore une table bizarre; quel menuisier!" écrivant un „Décret."

Au bas:

> „*Louis, du fond du Dam*
> *Faisait des vers blancs à son dam !*"

A propos des pages 55, etc.

„Notes pour les pages suivantes" (Vous comprenez, il y a là un Monsieur (le faune) qui *regonfle des souvenirs divers* en s'adressant à des nymphes.

C'est très ingénieusement et gracieusement figuré par des peaux de raisins vides dans quoi le bougre soufflerait !)

Il y a aussi des *touffes* non équivoques, *la* pierre de touffe du poême et presque tout, C'était impossible à lire avec *sentiment* en ce milieu „honnéte."

A propos de l'excursion à Leyde:

„J'ai encore pu extraire de ma tête ces 4 pages, mais je pense à Leyde, qu'il me faudra aborder dans le prochain envoi. Quelle sorte de campagne entre La Haye et cette ville?

Ce qu'on me fait? J'avais à ma jambe gauche un *érysipèle infectieux*, maladie très dangereuse qu'on a vaincue, mais la jambe s'est alors couverte d'abcès considérablés et c'est ainsi que j'ai dû subir 6 incisions qui malgré l'éther et le système Robertson m'on diablement fait souffrir. Ma jambe est sauve, mais comme sabrée. Des fentes comme ça (ici une ligne de douze centimètres de longueur.)

Heureusement je crois que c'est fini. Où est le pays de *culture* en Hollande. Et ces fameuses pommes de terre qu'on crie à Paris, l'hollande, la belle hollande?

Nous étions partis vers le soir pour Leyde, et, absorbé par une causerie, Verlaine ne voyait que très peu de la route. A ce sujet un dessin, moulins à vent dans un brouillard, avec la queue d'un train qui disparaît, et un croissant de lune dans le ciel: „Ça c'est un train vers Leyde dans le clair de lune, autre *création* de moi!!

J'aurai tout à l'heure Edmondo de Amicis.

Et j'invente pour ce soir un clair de lune digne d'éclairer mon cher gardien de Musée.

Quelques pages plus loin. — Verlaine ayant lu le „de Amicis" en question, un dessin intitulé:

„En Sorbonne"

Le professeur: E
               d
               m
               o
               n
               do
               de
               A
               mi
               cis

dit: „glose:"

„La campagne entre La Haye et n'est qu'une plaine verdoyante coupée par de petits canaux." En bas, „L'Escholier, P. V."

Montrant du doigt la page du manuscript:

„Pour le développement de la glose voir ci-contre." (page 62).

Je reçois votre lettre. Vous ai

accusé réception du traité et des
200 francs. Je renouvellerai ce reçu.

Je vous envoie aujourd'hui 2 pages
sur la campagne de Leyde et deux
sur votre salon. — Je vais toujours
mieux, mais je souffre toujours
bougrement!

Le traité est *bien* mais il s'agissait
d'éditions à mille francs, — ce qui
n'est pas spécifié.

Comme ça j'ai l'air de céder mon
manuscript pour 1000 fr. et il était
entendu que ce serait 1000 fr. par
éditions successives.

P. V.

Quelques pages plus loin:

„Rien de neuf aujourd'hui que mille
amitiés à vous et chez vous."

Sur les pages suivantes:

Le 3 Août '93.

Cher Monsieur Zilcken,

A partir de demain je ne passe pas un jour sans vous envoyer de la copie pr. Block. Fini, oui, mais imprimé et corrigé avant le 15 7bre? C'est-il déja à l'impression?

Je vais mieux, mais le bistouri ne me lâche pas. Voici aujourd'hui la 11e incision que je subis.

> *C'est un coup bien rude*
> *Rude à recevoir,*
> *Malgré l'habitude*
> *Qu'on en peut avoir."*

Et je vous serre bien affectueusement la main.

Mille choses chez vous

P. VERLAINE.

A côté de ces lignes un dessin — symbolique, intitulé: AEGRI SOMNIA:

Verlaine couché, criant: „grâce"

autour de son lit: „le Public des journaux," le „Bistouri," les „Injections sous cutanées."

Puis,

Cher Monsieur,

Ça devient un peu dur.

Voulez-vous m'envoyer bientôt détails sur artistes hollandais modernes en Hollande. (Vous n'avez pas de grands excentriques comme quelques XX de Bruxelles?) Des noms. Le plus de détails sur Amsterdam s. v. p. je prépare une riche rentrée à La Haye avec un Sâr dont je ne vous dis que ça.

Toujours bistourié, mais ça va mieux. — Ne puis *me lever!* Voilà 6 semaines que ça dure. Mais j'ai été si bas, si bas!

Vous savez que je pose ma candidature à l'Académie française! Les injures que j'ai reçues par cette bonne presse soit disant si camarade, — mais je persiste. J'ai mon idée.

Tout à vous et chez vous

P. V.

Mon changement de *véhicule de ma pensée* tient à ce que, comme tout homme courbé et abruti un peu par le lit (6 semaines sans en bouger) j'égare crayons et plumes.

Le manuscript est écrit tour à tour au crayon et à la plume.

A Amsterdam Verlaine avait été logé chez Witsen, chez qui il prenait ses repas avec Isaac Israëls. Dans là ce billet:

Cher Monsieur Zilcken,

Quels ont été au fond mes rapports avec Witsen? J'arrangerai ça en une

phrase sur épreuves! Détails *vite*
s'il vous plait.

Et en effet, le contrat?

A vous et chez vous

P. V.

Les menus du banquet offert à La Haye
à Verlaine avaient été imprimés avec soin
sur papier du Japon; à ce sujet:

Cher Monsieur Zilcken,

Ah si vous avez encore un ou
2 *menus*, vous seriez bien aimable de
m'en envoyer.

Vous voyez, je travaille dare dare.
J'attends les épreuves de la première
partie. J'aurai corrigé ça en deux
jours.

Un peu plus loin:

„Bonjour chez vous et à vous.

Mon mieux continue et le bistouri se ralentit un peu.''

Puis :

Cher Monsieur Zilcken,

Bonjour à vous et chez vous.
Vite, quelques détails sur le Musée d'Amsterdam, les gens emperruqués, etc. s. v. p.

P. V.

Et les épreuves?

Plus loin :

Cher Monsieur,

Souffrant. La fièvre.
Ces chaleurs!
Demain vous écrirai plus au long

et aurai fini Amsterdam et le tout.
Quant à Witsen, quel accroc, on verra.

A vous et chez vous

P. V.

Puis:

Est-ce qu'il n'y a pas de canaux
à La Haye?
Ultimes renseignements sur Witsen.
Demain fin.

Le lendemain:

Cher Monsieur Zilcken,

Exegi monumentum.
J'attends les épreuves. Y a-t-il des
canaux à La Haye?

Mille amitiés

P. V.

Admettez un moyen terme s'il n'y a pas moyen d'emporter les 1000 fr. par éditions; 25 exempl. est-ce assez?

Il se charge sans doute de service de presse.

9 Août '93.

Cher Monsieur Zilcken,

Il m'avait pourtant bien dit 1000 f. par édition, ne cédons — et zut! — qu'au dernier moment; et puis, moi, combien d'exemplaires?

Je suis bien au Figaro, mais à la condition d'y être rare et timide.

Tous détails sur messieurs bleus ridicules, sur tableaux vus dans *les bas côtés* d'Amsterdam, déchirés par les mains imbéciles dont je vous ai parlé.

Envoyez ça le plus tôt possible. J'attends pr. continuer Amsterdam. C'est pourquoi cet envoi et celui de demain et d'après consistera dans les derniers chapitres du livre.

A vous, chez vous

P. V.

Un peu plus loin.

Cher Monsieur Zilcken, (et non Gilkin *)

Bonjour chez vous et à vous.

J'attends toujours les détails pour finir Amsterdam qui me fournira peut-être 3 fois 4 pages, peut-être moins. Le volume sera fini.

Mon envoi de demain sera court.

Ça finira par des vers.

Maintenant aux épreuves.

Le bistouri va bien et fonctionne de plus belle. Que voulez-vous? C'est le salut !

*) Au fond ce doit être le même nom qui est celui d'un poète belge. (VERLAINE.)

QUINZE JOURS EN HOLLANDE
(Premier texte — inédit — des premières douze pages.)

—

Très gracieusement invité par l'élite de la jeune littérature et des jeunes beaux-arts Hollandais, je prenais le 2 Novembre dernier, jour des Morts précisément, heureux augure, un billet pour La Haye où devait se passer la première des conférences qu'on attendait de moi là-bas.

Muni d'une richesse bien inattendue la veille, je pus obtenir de cette bonne Cie du Nord, un wagon spécial où toutes les commodités me seraient dévolues : toilette et accessoires, tablettes d'acajou pour déjeuner et diner *chez moi*, pendant que les autres voyageurs mangeraient du veau froid enveloppé de quelque vieux ou récent numéro du journal „Le Temps", ou se verraient forcés de se laisser escompter dans les grands prix des repas réchauffés, ès-buffets du bord de la voie, — *et caetera desiderata.*

Inutile peut-être de vous rappeler combien la route est affreuse au sortir de l'affreux Paris de ces régions : constructions louches pour quelque probablement plus louches encore industries ; du mâchefer souillé de marne d'où sourdent telles épidémies, autour de telles sordides bâtisses servant de cavernes à des fortunes faux-monnayées, élaborées parmi la sueur du bon peuple de Paris ... et de Saint Denis.

Saint Denis, si déchu, pourtant encore si royal et si divin grâce à son abbatiale écimée, si presque joli pour ses iles jolies presque, par cette saison rouilleuse d'arbres et d'eaux.

— Campagnes abominables relativement. Ça commence à devenir relativement supportable — et maintenant, dès Creil atteint, — endroit, de la gare, désagréable, formé de fabriques, dit-on, innocentes — nous filons directement pour St. Quentin.

— Chantilly, bois, rivière, étang, vache, cochon, couvée, — duc d'Aumale y compris, plus la forêt, mieux !

Et de longues étendues, vagues comme rêves ni bons ni mauvais jusques à Saint-Quentin où j'entends enfin le Patois, le saint patois maternel.

„Biau chire leu n'écoutez mie
Mère tinchint sin fieu qui crie."

Saint-Quentin est un tas de maisons en long avec l'Aisne en large, belle rivière et ville bonnasse s'étirant trop, laissant à droite son admirable, surtout de loin, basilique sans clocher et aboutissant à un quartier d'infanterie d'où je cueillis, il y a si longtemps! fleur de sous-off, un bon garçon, ancien séminariste connu au collège de R..., avec qui je communiai sous les espèces pas trop frelatées d'une bière modérée et d'un genièvre quasiment inoffensif.

Et j'entendis à nouveau, depuis si longtemps! ce bon, ce vilain patois picard.

Et par patois picard, j'entends tout le dialecte parlé, moyennant bien entendu mille nuances, entre Amiens et Lille.

Ce bon, ce vilain patois picard, tout de même, comme on a tort, surtout au journal *Le Temps*, encore que compétemment, d'en dire si trop de mal!

„Parbleu! tout patois de n'importe d'ailleurs quel „patelin" — sauf peut-être celui de l'incoërcible Midi — est „lourd, plat et laid", ainsi disent ces bons messieurs, „et tout particulièrement celui du Nord de la France."

Lourd et laid tout particulièrement ce patois-là! Allons donc, puisque le „Ptiot Quinquin" en procède et que Desbordes Valmore en était et s'en vantait, loin de lui, la pauvre femme, avec ses interminables étages parisiens à grimper quoiqu'en eût sa nostalgie de sa Scarpe et de sa Notre-Dame de là-bas!

Nous traversons un faubourg plein d'enfants accourus sur les seuils pour „raviger che ch'min d'fer" qui passe, mangeant des „tarteinnes ed' bûre" et grattant des tignasses filasse ou très noires, car nous sommes sur la terre

„*Où s'assirent longtemps les ferventes Espagnes*".

Et, saluée cette terre-là, — où, après deux siècles se répercutent les souvenirs d'autres glorieuses luttes, dit à St. Quentin l'adieu qui faut, aux maisons, aux arbres, à l'eau, derniers échos de notre dernière victoire et de notre suprême défaite soixante et onze, — en avant pour la Belgique.

Jusqu' à ce pays, rien de remarquable que le détail insignifiant des poteaux télégraphiques préabablement un peu comparables à des ivrognes très longs, très maigres, courant follement devant et allant tomber plus follement encore derrière nous, — devenus maintenant, dédoublés ét cône et de bizeau sur des talus, assez semblables aux jambes démésu-

rées des susdits pochards dont la
cuite eût crû en proportion directe
de la vitesse — pur détail, en effet, —
vous voyez, — imbécile, et bien fait
pour distraire l'ennui torpide d'un
solitaire digérant comme un boa l'immense déjeuner fournis pour 4 fr. 50,
par le buffet Quentinois en une sorte
de panier plat d'osier rouge, et com-
posé, le déjeuner, en des vaisseaux
ad hoc, de viandes, légumes, desserts —
et vins! lentement dégustés sur l'une
des tablettes dont question plus haut,
relevée.

Sites assommants, noirrouffes, fleu-
rant de mine, riche, paraît-il, affreuse-
ment pauvres, m'apparaît-il, et qui
justifieraient la peu flatteuse apprécia-
tion que Chateaubriand, je crois bien
me le rappeler met dans la bouche
du Czar Alexandre 1er „Comme la
belle France est donc laide!" O qu'oui,
Sire, en ces parts-ci, du moins!

Les poteaux doubles de tout à l'heure — on plutôt l'évocation de jambes avinées à laquelle ils m'avaient donné lieu, devaient, témoins du moins bizarres en ce, depuis Saint Quintin, déplorablement plat et banal paysage, jusqu' à la vraie Houillière, m'accompagner de leurs chutes dès lors presque en face et en arrière jusqu'en ce lointain ultérieur Amsterdam.

II.

J'oublie le nom de la station où travaille la Douane Belge sur ce point de la frontière. Suffit, je pense, de me féliciter de la gentillesse des préposés à la visite des valises — je n'avais, en fait de tout équipage royal, principicule que je me semblais être de voyager en un tel wagon spécial, qu'une valise effectivement. La visite de ces colis s'opérait dans les voitures même, alors que les malles et autres gros bagages étaient examinés dans une salle à part de la gare. L'homme douanier du crû, grand diable glabre tout de sombre habillé chargé de m'investiguer me dit, avant de marquer de craie mon léger baluchon, — „rien de neuf dans ta malle, monsieur?"

(A quoi je répondis affirmativement on plutôt négativement.)

C'était, nouveau renouveau linguistique, le „belge" dans toute sa verdeur, réentendu après taut d'années, ce belge beaucoup trop moqué par nous autres français ... de Paris, uniquement, notez le bien.

Pour moi, de même que la Belgique dans sa partie wallonne, du moins, n'est guère qu' un groupe de départements français arrachés à la métropole par les traités scélérats de 1815, de même, le belge constitue ni plus ni moins un dialecte français

bien à part, amusant toujours, très
souvent joli, admirable parfois dans
ses étranges évolutions. Il y aurait
une étude intéressante à écrire à ce
sujet. D'où viennent par exemple
des tournures elliptiques comme „viens
avec"; des explétifs tels que „pour
une fois" des propositions où la syn-
taxe du verbe est si drôlement con-
tredite: „Tournez-vous, mon capi-
taine, que je te brosse dans le dos"?
Je le répète, le belge, en dépit de
plaisanteries par trop rances est une
forme non pas dépravée, déplacée
tout au plus, de notre langue cou-
rante, — non sans ses grâces particu-
lières, ses énergies locales, ses malices
et ses naïvetés bien *genuine*.

Me trouvant avoir à dépenser un
quart d'heure avant le départ du train
je descendis au buffet pour prendre
quelques cigares, car il y a de bons
cigares en Belgique: le tout est de

savoir les choisir et je m'y entends.
Rien de particulier dans ce buffet sauf
peut-être un buste du Roi Léopold II
très haut perché: une longue tête
chevaline assez distinguée encadrée
de lourdes épaulettes d'officier général,
le dit objet d'art en quelque•chose
d'obscur, comme qui dirait de la terre
pas trop cuite, serait-ce rissolée?

Et me voilà retraversant ces campagnes un peu les mêmes de la Belgique, si connues de moi, mais somme
toute, oubliées, un peu les mêmes,
ai-je dit, je veux dire monotones, mais
moins que ce terme ne l'impliquerait.
Quand je sors de France, pourquoi,
puisque j'aime mon pays, pourtant?
Tout me semble sinon mieux du moins
moins mal, moins triste, moins de mau-
vaise humeur. Et la Belgique, dès la
frontière apparaît gentille, ingénieuse,
légèrement puérile, mais puérile bien,
ordonnée, propre avec un goût pour

le joli dans l'inventif. Cela du reste
ne dure pas et la Mine aperçue lez
Saint-Quentin s'entrevoit derechef ici,
puis se voit, puis s'impose. Dès lors
ce ne sont plus que villages sombres,
s'ornant encore de pampres houblon-
niers, de vague lierre mais sentant
la panoreté, suant presque la misère...
Puis défilent en lignes on pourrait
croire stratégiques les lamentables
littérales cités ouvrières dont four-
millent hélas! notre Nord en notre
Pas-de-Calais : une régularité cruelle
de constructions basses en briques
sales de ton, à toits de tuile terne,
quasiment plats, longues allées de
maisonnettes plus que simples, sortes
de voies romaines assez larges pour
des voitures y passer strictement,
des jardinets pour juste de temps en
temps des soupes aux choux sans
trop de lard, fût-ce d'Amérique —
et, trop nombreux, d'affreux pim-

pants „estaminets", les *assommoirs*
de là-bas, où le bas socialisme et
l'anarchisme .... militant recruteraient.

De tels aspects, dominés par de
hautes cheminées et les fumées sinis-
tres, belles vraiment, noires, s'érigeant
en plumets monstrueux, où tranche
le panache blanc de la locomotive,
égaillé, majestueux et gai, lui, sur,
puis par les champs gris, — sym-
bolisant à merveille la gloire toute
industrielle de ce siècle, comme la
fumée du train est bien le type et
l'ornement de gloire, le seul type et
le seul ornement, panache de notre
civilisation . . . .

Mons, ville apparue toute rouge
plus une tour dessus — ornementée trop
peut-être, on peut-être sans goût. —
J'ai vécu dans cette ville dix-huit
mois... J'en suis sorti sans l'avoir
connue. — Mais, combien d'ennuis?

Heureusement Bruxelles est là, à deux pas. Ridicule? Non! — Plaisante? — Non! — Un petit Paris? — Non! Quoi, donc, alors?

Bruxelles, — n'allons pas plus loin, pas plus vite, restons. Restons mentalement, restons: Et quelle chose trop bien, quelle gaieté sans nombre et se et soi-disant „parisienne'' — Une femme parlait ainsi.

Bruxelles fut l'opposition sous l'Empire. Paris était le foyer de cet incendie. Mais Bruxelles était là — quand-même! Dans notre tête!

Et Bruxelles nous fût doux, — avec Sainte-Gudule balourde.

Maintenant il a la Palais de Justice pire.

Néanmoins Bruxelles est une ville presque moderne avec son dôme de son Palais de Justice pour tour Eiffel: à chacun sa gloire!

Bruxelles! parbleu! j'y ai vécu!

Tiens! Parbleu! Pourquoi pas? ou pourquoi plus puisqu'on me le reproche?

Et le train siffle.

Je n'y vis plus...

Nous entrons dans les états de Sa Jeune Majesté Wilhelmina.

III.

Un douane bénévole mais sans d'autant plus d'accent que je n'y entendais rien, m'accueillit en Roosendael, ville cruelle où je ne sus plus dire un mot qu'il fallût — et entrant, moi, en le pays où je devais parler, je me recueillais.

L'horreur, la beauté de l'herbe et des eaux, ne me saisissait suffisamment que sous une forme par trop bête: j'avais froid. Voudriez-vous que je dise: j'avais peur...?

— Non, oui. — Car vers ....
Le manuscrit s'arrête ici.

Voici le contrat, dont il est parlé page 32.

Entre Monsieur Blok, libraire à La Haye, et Monsieur Paul Verlaine. homme de lettres, à Paris.

Il a été convenu :

1º. Que M^r. Paul Verlaine donnera en toute propriété à M^r. Blok le manuscrit d'un volume intitulé „*Quinze jours en Hollande.*"

2º. Qu'en échange M^r. Blok paiera à la présentation des épreuves corrigées du susdit volume la somme de mille francs (dont deux cents francs à déduire payés d'avance pour la première édition par M^r. Blok à M^r. Verlaine).

3º. A chaque nouvelle édition Mr. Blok paiera la même somme à Mr. Verlaine. Celui-ci aura droit à 25 exemplaires de chaque édition.

FIN.